JN410832

비밀의 숲

비밀의 숲

초판 1쇄 인쇄 | 2024년 06월 30일
지은이 | 김은희
펴낸이 | 이재욱(필명:이승훈)
펴낸곳 | 해드림출판사
주 소 | 서울 영등포구 경인로82길 3-4(문래동1가 39)
센터플러스빌딩 1004호(우편07371)
전 화 | 02-2612-5552
팩 스 | 02-2688-5568
E-mail | jlee5059@hanmail.net

등록번호 제2013-000076
등록일자 2008년 9월 29일

ISBN 979-11-5634-589-3

비밀의 숲

김은희 시집

참으로 긴 시간을
여러 해 동안 고이고이 간직했던
아픈 세월을 같이 견디고
함께 해온 글귀가 있어
잘 살아냈다고 감히 말할 수 있다

해드림출판사

시인의 말

참으로 긴 시간을
여러 해 동안 고이고이 간직했던
아픈 세월을 같이 견디고
함께 해온 글귀가 있어
잘 살아냈다고 감히 말할 수 있다

감히 그 누구라 하더라도
잘 알지 못하면서
타인을 함부로
가벼이 평가하는 수준이라면

자신을 한 번쯤은 돌아 보아야 한다
오만이며 자만이라고 말하고 싶다

세상에 내어 놓으려니
만감이 교차하는 순간이며
한편 걱정도 되면서
가슴이 마구 뛴다
육상 선수 시절 출발점에 선 것 같이…
설렘으로 오기도 하는 게 사실이다
시와 함께한 세월이 나는 그냥 좋다

목차

시인의 말 · 4

작품 해설 | 이충재(시인, 문학평론가)
변함없이 곁을 지켜준 시를 향해 소곡을 지어 부르는 연인 · **109**

제1부 멈출 수 없기에

달빛으로 · **16**

삼다도에는 · **17**

잊지 말아야 하는 것 · **18**

의도가 없어도 · **19**

무엇으로 피어 나든지 · **20**

같이 갈 거나 혼자 갈거나 · **21**

늦었다 하더라도 · **23**

지우려 하면 할수록 · **24**

골이 깊으니 · **25**

다 때가 있는 것 · **26**

맘은 멀다 · 27
넋두리 · 28
세상일은 · 30
살아내는 건 · 31
마음 길 · 32
둥지를 지키는 어미 새 · 33
울지 못하는 새 · 34

제2부 홀로 가는 길

머느리 새 · 38

그날은 그랬어 · 39

홀로 가는 길 · 41

서리꽃 · 44

꽃 · 45

하루가 쌓이면 · 46

바람꽃 · 49

하늘로 보내는 · 50

비밀의 숲 · 51

유수와 같이 · 52
노류장화 · 53
이슬 편지 · 54
하늘이 높은 들 · 55
꽃보다 예쁜 · 56
박나물 · 57
얼음꽃 · 58
가지 많은 나무 · 59

제3부 그 이름은

당연한걸 · 63

시어미 용심 · 64

멈출 수 없었기에 · 66

깊은 슬픔 · 67

헛되이 꾸는 희망 · 69

그 이름은 · 70

나이 들수록 · 71

살다 보면 · 72

소년의 사랑 · 73

때를 기다리며 · 75

흔들어 보려거든 · 76
꿈 · 77
곱게 늙어가는 노을 · 78
상반되는 것으로 알아지는 것 · 79
골짜기 끝 집 · 80
산다는 건 · 81
마음이 오는 길 · 82
울고 싶은 날은 · 83
나만의 그리움 · 85
무엇이 더 남아서 · 86

제4부 어느날 문득

무심함보다 무정한 · 89

포차에서 · 90

엄마 자리 · 91

어느 날의 기억으로 · 92

마음의 눈이 멀면 · 93

어느 날 문득 · 94

사람이 떠난 자리 · 95

마음에 띄우는 · 96

별 하나의 그리움 · 97

온도가 다른 삶 · 98
또 다른 아쉬움 · 100
어제 그리고 내일 · 101
이별 후에 · 102
평정심 잃지 않기 · 103
네 자리 서럽다 하여 · 104
나는 너에게 · 105
공허한 날에 · 106
아주 오래도록 · 107

제 1 부

멈출 수 없기에

달빛으로

푸른 하늘빛으로
깔아놓은 길 위에

마음 따라가는 길
영원으로 남았으련만

변하지 않는 하늘빛은
차디찬 달빛이 되었구나

삼다도에는

잠들지 않는 바람이 분다
육지에 태풍처럼 불어댄다
머리카락 휘감고 지나간다

무리 지어 기대어선 유채꽃은
부대끼며 흔들려도 유연하게 서고
쓰러질 듯 흔들려도 제자리에 선다

우리네 삶도 그랬으면 좋겠다
부대끼며 살아도 상처 내지 말고
흔들리며 살아도 아픔으로 남지 않기를 …

잊지 말아야 하는 것

곁에 있는 인연을 위해
무엇이든 해줄 것 같이 말하지만

정작 하나를 주지 못하여
필요한 하나를 지키지 못하게 되고

처음 시작한 간절한 마음은
어느새 익숙해지다 소홀해지고 만다

의도가 없어도

선택한 아침이 아닌데
권리 없는 의무를 지우고

도망치듯 택한 점심은
책임과 의무로 남아 있고

다가올 저녁만은 다 내려놓고
눈 내리는 바다를 무심히 보고 싶다

무엇으로 피어 나든지

흰 눈 속에서
향기로 피는 설 난

습지에 피어나
건드리지 말라고
고개 숙인 물봉선

머리 위로 쏟아지는
소나기를 뉘라서 비껴갈까

바람에 꽃이 피기도 하고
바람에 꽃이 지기도 하는 것을

같이 갈 거나 혼자 갈거나

누구나 사랑이라 말하고
누구나 결혼할 수 있지만
운우의 정을 나누며 같이 하는
인생은 거저 얻어지지 않는다

관심과 애정을 먹고 자라는
관계를 지켜가며 어울리는
한 쌍이 거저 얻어지는 것이라면
그 누가 이별에 아픔을 치르고 갈까나

무관심은 관계를 망치고
신뢰나 믿음 쌓기는 어려우나
허물어지는 것은
아차 하는 순간으로 끝나는 것

한 번 엇갈린 감정은

매번 틀어지는 관계로

평생에 후회로 남을지 모를

끝내 놓치고 마는 손이 될 수도 있다는 것을

늦었다 하더라도

후회하지 않으려고
후회하는 삶을 살지는 말자

어제가 오늘에 연속이라면
오늘이 내일의 연속이라면

어제와 오늘이 다르지 않다면
더 후회하는 삶은 영위하지 말자

애써 노력한 것이 아쉬워
어리석은 미련도 갖지 말자

아직 남아 있는 날을 살아내야지
지난 세월로 인해 오늘이 힘들지 않게

지우려 하면 할수록

잊으려 애쓰면 더 선명해지고
지우려 할수록 더 깊게 새겨지는

삶이 고단해지는 일이 있으므로
지우려 할수록 들여다보게 되는

상처로 남은 아픈 한자락
어쩌지 못하는 기억 속에 있으므로

어제를 내일을 떠안고 가야 하기에
아닌 척 괜찮은 척 또 나를 속이는 하루

골이 깊으니

살면서 허무함으로
오는 날들이 몇 날이나 더 있을까

살면서 무심함으로
오는 날들이 몇 날이나 더 있을까

저 산은 여전히
차디찬 강물을 베고 누워 있으니

산에는 나무가
나무에는 세월이 걸려 있구나

산에 배를 띄우고
차디찬 강물에 나무를 심었구나

다 때가 있는 것

나를
우리를

소리도 없이 금세
쉼표도 없이 금세

변화에 소용돌이 속으로
기다림의 미학이라고는 없는

부모도 자식을 기다려 주지 못하지만
자식도 어린아이로 기다리지 않는다

때를 놓치고 나면
이미 때늦은 후회 나중에 나중은 없다

맘은 멀다

가까이 있지만 멀고
멀지만 또한 가까울 수 있는데

멀다 멀다 하지만
마음만 먹으면 갈 수도 있는데

그 마음이
도대체 움직이질 않으니

나도 내 마음을
어찌하지 못하여 이기지 못하는구나

넋두리

청춘도 젊음도 호시절조차도
떠나간 님이 되어 희미한 기억 속에
한 페이지 아픈 멍울로 남아 버린 세월

건들면 터질 듯이 날을 세우고
울분을 토해 낼 곳이 없었으므로
마음 한구석 둥글러 다니다가

불청객처럼 불쑥불쑥 튀어나오고
들여다보면 누구나 상처 하나 비밀
하나쯤은 가지고 있을 텐데

살아온 세월만큼 크고 작은 아픔이

켜켜이 쌓여있을 것인데 가버린 세월
원망한들 시들은 청춘만이 남았을 뿐

살아가는 낙도 특별한 내일이
있는 것도 아니지만 오늘을 살다보면
훌훌 털어내고 홀가분한 날도 오겠지

세상일은

너도 해보고
나도 해본 일

인간사 세상사
인력으로 어쩔 수 없지

혼자 지고 간다고
알아주는 이 없다는 걸

바람은 가둘 수 없고
비는 담아 둘 수 없듯

풀어내려다 오해 더하지 말고
스스로 느낄 때까지 버려두자

살아내는 건

불타는 태양과 같이
숨이 턱에 차도록
열정적일 필요는 없지만

하루를 돌아보면
아쉬움 없는 오늘이면 되고
내일 할 일이 있으면 되는 것

오늘보다 내일 조금 더
나아지는 자신을 어제보다 조금 더
단단해져야 하는 자신을 만나는 것

마음 길

몸이 가는 길
마음이 따라가는 길

마음이 가는 길
몸이 따라가는 길

고단한 길을 오래 걷다 보면
마음으로 가는 길은 멈추고 만다

마음 길이 멈추는 것은
몸이 지쳐 한발도 뗄 수 없기 때문이며

돌아가는 길이거나 비껴가는 길이거나
마음 길은 한길로 한 방향으로 가는 것

둥지를 지키는 어미 새

아슬아슬 가지 끝에
아비 없는 아기 새들
다투어 배고프다 울고

어미 새 홀로 바쁜 날갯짓
아비 새는 둥지를 잊었는가

해 저문 밤이 되어서야
젖은 날개 휘저으며

한 방울 눈물로
그 값이라도 치르러 오려는지

울지 못하는 새

기쁜 일이 있어도
소리 내어 울지 못하고
기쁨조차 감정을 누르고
소리를 잊은 지 언제인지

가는 마음을 가둘 수도 없고
귀 닫고 마음의 소리로 들어도
진심은 들을 수 없고 진실을
말해 줄 이는 이미 떠나고 없네

슬픈 일이 있어도
소리 내어 울지 못하고
슬픔조차 감정을 누르고
소리를 잊은 지 언제인지

오늘 미움을 다시 줄 수 없어
귀 닫고 마음의 소리로 들어도
진심은 들을 수 없고
말해 줄 이는 모두 떠나고 없네

제 2 부

홀로 가는 길

며느리 새

바람이 불며 세차게
내리던 장맛비 한숨 잠들고

억울하여 빗소리로 대신 울던
뻐꾸기 개 개 개 날아가고

초저녁부터 소쩍소쩍 하더니
솥 쩍다 솥 쩍다 울어대니 풍년 들겠네

못에 비친 달빛으로 물고기 한가롭고
샘쟁이 바람 잔물결로 이즈러지는 달빛

노을 지는 산 너머 길 잃은 작은 새
이 밤새우기 전 둥지 찾아 편히 쉬려무나

그날은 그랬어

오월에 아카시아 향처럼
다가서지 않아도 바람이
실어다 주는 것처럼

내 곁에 머물던
밀어낼 수 없는 향기로 남아서
싫지만은 않아서 그냥 흐르게 두었어

시간이 지날수록 짙은 향으로
다가서는 너의 곁에 머물 수 없어

영원할 줄 알았던 너와의 시간이
끝나고 나서야 세월이 많이 흐른
후에야 너의 진심을 알아가고 있는 나

그때는 그랬어 너의 다정함이
집착으로만 보여서 나를 구속하는
것만 같았어 그때는 그날은 그랬어

너무 멀리 와 버린 지금
그날을 떠올리며 너와의 시간을
추억하며 한 번만 너를 만나서

꼭 한 번은 너를 만나서
그날은 그랬다고 그래서
떠났다고 말해 주고 싶다

홀로 가는 길

인간으로 세상에 속하는
그 순간부터
엄마의 가슴팍을 파고들어 젖을 무는 본능
먹어야 산다는 것을 이미 알고
치아가 생겨나면 무엇이든 입으로 가져가
맛을 구분해 내고 더러운 것!
창피한 것 알아가고
싫고 좋음을 표현하고
가지고 싶은 것을
얻으려고 떼를 쓰기도 하면서

그렇게 살아가는 방법을
터득해 가면서 자라며
그 와중에 같은 종족으로부터
상처를 받고 주기도 하면서

성격이 형성되고 …

어디까지든 학교를 마치면 사회라는
거대한 괴물을 만나는 그때부터 소리 없는
전쟁을 치르며 희망과 절망을 넘나들며
고향을 부모를 가족을 떠난 외로움을
쓸쓸함을 견디며 홀로서기 하느라
버거움을 느끼며 시간을 돈으로 바꾸는
생활에 젖어 들고 회색 도시 속
어느 한자리 차지하고 그 자리 유지하려
일터로 가고 그 속에 머물다 어느새
청춘은 간 곳 없고
얼른 어른이 되고 싶어
스물을 손꼽아 기다리던
그 시절이 아련하기만 하고 …

살아가면서 선택이라는 것을 해야 하고
책임 또한 본인의 몫이므로
그리하여 홀로 가는 길!

감당하기 어려운 일로
좌절이 올 때에
세상 억울하고 분한 일이 있을 때
멀리 있는 가족은 힘이 되지 못하고
가까이 친인 척이 있다 한들
제 자식 일만 하겠는가!
세상 누구도 대신해 줄 수 없기에
스스로가 이겨내고 나아가야 하기에
홀로 가는 길이 아니겠는가!

서리꽃

봄이 온다고
봄비가 내리는데
내 마음에는 눈꽃이 내리는구나!

꽃이 핀다고
꽃바람이 불어오는데
내 마음에는 서리꽃이 내리는구나!

꽃

꽃은
봄에만 피는 게 아니야

무더운 여름날에도
태풍이 몰아치는 날에도

흰 눈 속에서도 꽃은 피어
때가 되면 언제든 피는 거야

햇살에 피는 꽃도
달빛으로 피는 꽃도 있어

너는 언제 피는 꽃이며
나는 언제 피는 꽃이려나

하루가 쌓이면

어제와 오늘이
같은 것 같아 보여도 그렇지 않아
오늘이 어제의
연속이라 그리 무뎌지는 거지

어제와 오늘의
태양이 다르지 않은 것처럼
어제의 나도 오늘의 나도 나야
억지스럽고 억센 말투에

오해와 불신은 자라고
서운함에 관계는 틀어지고
팍팍한 길로 들어서기도 하고
말 한마디에 기운이 나기도 하지

피곤하면 길이 멀고
어리석으면 생사가 길다는
말이 있듯이 순간을 시기하여
더 큰 고난을 자처하는 것이며

늘 보는 사람들
반복되는 일상이라도
가까운 사이라 하여
선을 넘어 버릇 내려놓으면

언제 어느 때든
겸손하지 못한 말과 행동으로
곁에 있던 사람들이 멀어지고
좋은 인연을 스스로 버리는 것과 다르지 않고

하루 한 달 일 년이 모여 세월
그 누구라도 알 수 없는 타인의 삶
인생이라는 그림으로 조금씩
그려가며 완성되어 가는 과정 이리라

기억에서 지우고 싶은 날도
아쉬움이 남는 날도 허다하지만
내일은 다를 거라는 기대가 있기에
또 하루가 살아지는 것이리라!

바람꽃

어디로든 떠다니고
계절도 없이 부는 바람

꽃잎 위에서
풀잎 사이에도 부는 바람

빛깔 곱게 물들이고
단풍 나뭇잎 떼어내는 바람

눈 속에 바람꽃 이야기
들려주는 나는 그런 바람이고 싶다

하늘로 보내는

높디높아
감히 오를 수 없어
붉은 눈시울은 서럽고

몸이 멀어 마음은 애틋하고
그리움은 넘치는 서러움 되어
서성거리는 발걸음 멈추어서

들바람에 실어 하늘로 보내
저 하늘 구름 위에 살포시 전해보는
붉은 카네이션 한 송이

비밀의 숲

책가방 베개 삼아
아름드리 그늘에 누워
송알송알 맺힌 꽃송이
사이로 보이는 하늘은
깊게 푸르고 높았다

사선으로 오는 햇살 아래
분홍빛으로 나리는 꽃보라
꽃눈깨비 살포시 내려앉는
풀벌레 울어 대던 나무숲이
외로운 마음을 안아 주었다

유수와 같이

산세가 담겨 있는
강가에 여울은 쉼 없이
흐르고 여울 따라 흐르는
버들이 물결을 따라서 돌고 돌아
그 자리에서 다시 흐르는 것처럼

상심한 마음을
물결에 내려놓고
돌아서려는데 무슨
미련이 더 남아서 떠나지 못하고
제자리에서 돌고 돌기만 하는 것이냐?

노류장화

늘어진 버들개지
물결 따라 흐르듯이
이리저리 부는 바람
탓하지 말라고 하니

흔들리지 않는다
역정 내지 말아라
남실바람 불어온들
노대바람 몰아치든

성에 차지 않으니
담아내지 못하고
담장 밖에 늘어진들
쉬이 닿을 것 같더냐

이슬 편지

사이사이 추억이
그리움이 되더라

쌓이는 그리움을 이슬에
꿰어서 너에게 보냈더니

사막처럼 메마르고
삭막해진 나를 적시고

마른 땅 위에 떨어지는
물방울 같은 너를 적시고

너와 나의 이별에
순간이 빗물이 되더라

하늘이 높은 들

산

바다

구름

하늘조차도

성에 차지 않는구나

산은 배를 띄울 수 없고

바다는 나무를 키울 수 없으니

꽃보다 예쁜

눈부신 오월에
햇살 따라 꽃이 피어났어

몇 송이 잘라다가
딸내미에게 내밀며 선물이야

배시시 웃으며 받아들고 코에다 대며
환하게 웃는 모습 꽃보다 예쁜 내 딸

박나물

선아 박 하나 따오니라
잎 사이에 숨은 박 찾아서 우물가로 간다

놋수저로 박박 긁어 들기름
두르고 해주시던 그리운 맛 박나물

달밤에 빛나던 박꽃
고향에 흙 내음 두고 온 시절

사무치는 나의 어린 시절이
그립고 그리운 팔월의 밤이다

얼음꽃

눈꽃으로 오더니
얼음꽃으로 져버리고

얼음에 눈물이 얼고
눈물에서 눈꽃이 피어나

지지 않는 눈꽃으로
송이송이 두 눈 속에 가두어

차디차야 피었을
눈꽃이 얼음꽃을 피웠으리라

가지 많은 나무

아롱이다롱이
야물어질 때를 기다리며
견디며 참아온 세월
하루하루를 무던히도
지루한 마라톤을 하듯이
내일이라는 희망에 속으며

지나간 세월 속에서
아롱다롱이 야물어 갈 때에
시작할 땐 신중하고 결정을 내렸다면
최선을 다하기를 어려움이 닥쳐올 때에
나아가는 지혜와 용기를 잃지 않기를

험한 세상에서
자신을 바로 세우고

타인이 아닌 자신에게 당당한
모습으로 서고 생활 속에서
배려와 감사를 잊지 않기를

자기 발전을 게을리하지 말며
마음에는 차가운 달빛이 아닌
따스한 햇살 가득 담아내기를

제 3 부
그 이름은

당연한걸

당연할걸
감사하게 담았더니
그 당연한걸 하지 않더라

당연한걸
고맙게 담았더니
그 당연한걸 안 해도 되는 줄 알더라

당연하게
해야 하는 일을 안 하는 걸
미루게 두었더니 영영 안 하더라

당연한 요구를
하지 않았더니
영영 아무것도 내 것이 안되더라

시어미 용심

바람의 의중은 무엇인지
갈대의 흔들림은 무엇인지

무지했던 시절에
준비 없이 오더니

빛나는 날들이
빛나야 하는 날들이

심술 맞은 세 시누이
용심으로 가득한 홀어미

내려보는 매서운 눈빛으로
내뱉는 독설에 뼈아픈 세월

궂은일 모진 일 다 치르고
내 자식 잘났다 네 자식 못났다

머리를 하늘 위에 두더니
주색에 빠져도 괜찮다 괜찮다

치마폭에 감싸고 금칠이네
주머니 비면 사내구실 못한다

등골 빠진다 내 새끼
일손을 놓고 의지를 꺾어 놓고 말았네

멈출 수 없었기에

더디 가던 시간 속에
청춘은 홀린 듯 사라지고

세월로 들어선 걸음이
갈 길이 바쁜 줄도 모르게

끝이 어딘지도 모를 곳으로
맨발로 걷는 아픔을 알게 하여도

가는 그 길이 험하다 하여
외면할 수 없어서 그냥 걷던 길

크고 작은 아픔이 늘
따라다녀도 마다할 수 없었던 길

깊은 슬픔

아프다 말도 못 하고
마음이 너무 아픈데
눈물마저 말라 버린 때

가만히 바다라 본
삶의 흔적 어느 곳에
다 내려놓을 수 없는

묻어 두어야만 했던
목까지 치오르는 그것을
아직도 삭을 못하여 나락으로

깊이를 알 수 없는
눈물로 녹아내린 슬픔을
냉정하게 묻고 묻어 두어도

상처는 덧나고
가시지 않는 아픔으로
깊은 슬픔을 가지게 한다

헛되이 꾸는 희망

삭막한 세상이라고
원망하고 싶지는 않다

평온을 잃은 오늘이지만
가슴 시리고 서글픈 현실이라도

정하여 선택한 길이라면
비겁한 순간으로 한탄하지 않으련다

흘러간 일은 이미 의미를 잃었다
다만 예전에는 미처 몰랐던 것이다

군중 속 소외보다는
차라리 외로움이 인간적이리라

그 이름은

세상에서 가장 그리운 이름
부르고 싶어도 부를 수 없는
엄마 우리 엄마 보고픈 엄마!

세상에서 가장 아픈 이름 하나
불러도 대답 없는 허공 속 메아리
엄마 우리 엄마 그리운 엄마!

세상에 남겨진 이름조차 잊게 한
아프다 말 한마디 하지도 못하게
내력을 잊게 만든 그 이름 엄마!

나이 들수록

나이가 들수록
여유로운 날들이 늘어 가기를

늙어가는 날을 서러워 말고
노여워도 하지 말며 다가올
늦가을 마지막 잎새 떨어지는 날에
슬프기 보다 고단한 인생길이었더라도

후회로 회한으로 남지 않는
영원에 길을 평온하게 갈수 있기를 …

살다 보면

밤이 깊어질수록 허전한
마음을 주체할 길이 없으며
때때로 어처구니없는 현실로
다가와서 좌절을 안겨 주고

갈 길을 정하지 못하고
방황의 길을 걷기도 하다가
상념에 빠져서 채우지 못하는
일기를 쓰기도 하면서

인간의 미련함은 안타까운 것이고
부질없는 짓은 넣어 두어야 한다
상처가 덧나지 않으려면 말이다
어둠이 깔린 거리는 그리 낯설지 않다

소년의 사랑

내 곁을 맴돌면서
괜히 말을 걸었어
그저 맴돌며 매일 건네는 선물

네가 준 인형들이
내방을 가득 채우고
집 앞까지 바래다주고 수줍게 웃으며
대문을 들어서면 그제야 발길을 돌리던 너

내 곁을 맴돌면서
괜히 말을 걸던 너

꽃 편지지에 시를 적어서
백 편의 시를 읽게 한 너

꽃 한 송이에도 수줍던 너

내게 온 의미 없는 장미 꽃다발에

용기도 내지 못하고 고백도 없이

여운만 남기고 가버린 소년의 풋사랑

때를 기다리며

흐르는 세월을
역행할 수 없으니

운명인지 숙명인지
데려다 놓은 이 자리

다 때가 있으니
거스를 수 없는 순리

때가 오기를 기다릴 수밖에
안달복달한다고 되는 일이 있더냐

흔들어 보려거든

강에 물이 흐르고
산에 나무가 우거지듯이

그치지 않는 비가 없고
비는 누구에게나 내리듯이

고요한 호수에 바람이
불면 잔물결 큰 물결 일고

굳이 흔들어 보려거든
꽃바람을 타고 오시려오

굳이 흔들어 보려거든
꽃길을 깔아 두고 오시려오

꿈

차마 버리지 못하고 접어 둔
맏딸 노릇 하느라 내려놓아야 했고

내일, 다음에 하다가
끝내 미루다가 잃어버린 꿈

오늘이 바빠서 내일로
미루다가 영영 잃어버린 꿈

제때 하고 싶은 때
해야 할 때에 해야 하는 것이 꿈이다

곱게 늙어가는 노을

노을이 진다는 건
하루가 저물어 간다는 건

노을이 아름다운 건
하루를 잘 살았다는 것

추한 미련이 남지 않도록
굽이굽이 뿌려져 있을 서러움
나쁜 기억들 부질없는 것만 버리고

이만하면 잘 살았다고
잘 살아냈다는 위안으로
곱게 늙어가는 노을과 같이

상반되는 것으로 알아지는 것

어둠이 깊을수록
별은 더 반짝거리고

추위가 기승을 부릴수록
꽃 피는 봄은 간절해지고

가뭄이 길어질 때는
쏟아지는 소나기도 반갑다

타인의 언어와 행동으로
확실해지는 일들도 있다

삶은 상반된 무엇으로 하여
느끼고 알아지는 것들도 있다

골짜기 끝 집

수탉 울음소리로
이른 새벽잠을 깨우고

누렁소 방울 소리 울리던 외양간
아름드리 벚나무가 있던 앞마당

정원에 목단 함박꽃
백합꽃 향기 가득한 뜰 안

우물가 창포도 돌단풍도 그리운
떠나고 싶었고 떠나야 했던 골짜기 끝 집

산다는 건

어떤 것에든
기대를 하고 하루를 움직이는 것

만족스럽지 못한 오늘을
어쩔 수 없어 내려놓아야 하고

조금 더 나아진 내일을
기다리며 희망 속에 오늘을 살고

내일에 절망을 만나도
그 속에서 또 다른 길을 찾는 것

희망과 절망을 오가면서도
살아야 하고 살아내야 하는 것이 삶이다

마음이 오는 길

이슬이 씻어준 거미줄에
꽃잎에 맺힌 이슬 끼워서
나에게 걸어주면 좋겠다

빗물이 씻어준 거미줄에
풀잎에 맺힌 이슬 끼워서
나에게 걸어주면 좋겠다

나 홀로 아파했던 시간까지
아파해 주고 안아 주면 좋겠다
마음이 오는 길 마음으로 오는 길

울고 싶은 날은

주체할 수 없이
슬픈 날이 있어

주체할 수 없이
눈물이 흐르는 날이

더는 담지 못하여
눈물이 알아서 흘러넘치는 거야!

주체할 수 없이
아픔이 넘치는 날이 있어

주체할 수 없이
눈물이 흐르는 날이

참으려 해도 안 되는 날은

슬픔이 알아서 쏟아져 나오는 거야!

나만의 그리움

듣는이 없던 그곳에서
속내를 털어내던 냇가

흐르는 냇물에
주저리주저리 흘려보내고

그리움 쏟아내고 동추 꽃 노루오줌
한 다발 우물가에 뿌리 없는 꽃을 심고

뒤뜰 평상에 누우면
진하게 올라오는 흙 내음

오얏나무 사이로 흐르는 별빛
그 사이사이 그리움 앞산 부엉이
울음소리는 내 마음에 소리 였어라

무엇이 더 남아서

무엇이라 위안이 되리
허전해서 밥통을 끌어안고
비빔밥 한 양푼을 다 비워도
분한 마음은 달랠 길이 없더라

시름을 잊으려 술에 취해 보아도
시름은 잊히지 않고 더해가더라
긴 한숨 짧은 인생 시련은 가고 오는지

전생 빚이 아직도 남아 있는가
시절이 무르익지 않아서 인가
살아온 날이 더 길어지고 있는데
무엇이 남아서 한숨도 길어만 지느냐?

제 4 부

어느 날 문득

무심함보다 무정한

안 보느니만
못한 만남이었구나

마음이 동하지 않으면
아무리 좋은 경치라 해도
눈에 담지도 않을 것인데

술 안에 또 다른
세상에 들어앉아
사람의 도리는 배운 적도 없구나

익숙해서 평범해진 것에
소중함은 알려하지 않는구나

안 보느니만 못한 만남이
무심함보다 더 한 무정함으로

포차에서

너와의 추억에 거리를
길 잃은 걸음에 옮겨 딛다가
어둠이 짙어 가는 밤거리에서

첫 잔은 쓰디쓰더니
세 잔술은 어째 모자라서
홀로 마시는 술은 외롭고

다시는 오지 못할
그날 그 시간이 그리움 되어
밀물같이 왔다가 파도를 타고 가네

다시는 가지 못할
그날 그 시간은 그리움 되어
썰물같이 풍랑을 타고 가네

엄마 자리

시간은 늘 바쁘다 하고
해야 할 일은 넘쳐나고
해도 해도 끝도 없는 일
까마득한 어느 날부터 …

당연하게 시작된 그날부터
퇴근 시간도 휴식 시간도 없이
혼자만의 여유는 잊은 지 오래
친구는 어디에 쓰는 물건인고?

시간아 너만 바쁘면 되느냐?
나도 숨 좀 돌리고 가자꾸나!
새털같이 많은 날이라는데 …
세월아! 자리 비울 짬이 없구나!

어느 날의 기억으로

화창한 날에
나쁜 기억으로 오지 않기를

비 오는 날에
아픈 기억으로 남지 않기를

눈 오는 날에
슬픈 기억으로 녹아들지 않기를

비바람 부는 날에
고통스러운 기억이 머물지 않기를

그저 그런 날이듯이
아무 일 없던 듯이 무뎌져 있기를

마음의 눈이 멀면

다 내 마음 같지
않은 것을 알고 있다고 하여도
단번에 끊어 내지 못하는 것은

인연이 남아서도
미련이 남아서도
집착을 버리지 못해서도 아니다

미움보다 더한 애증으로
미련보다 질긴 연민으로
관계를 정리하지 못하는 것이다

풀어내고 가야하는 일이 남아서
완벽해 지려는 스스로의 속박으로
그 자리에 멈춘 기억으로 눈이 멀어
마음의 눈으로 볼 수가 없는 것이다

어느 날 문득

먼 훗날에
시간이 아주 많이 흐른 뒷날에

생각만으로
미소가 지어지는 그런 날이 왔으면

아무런 의미 두지 않고서
가끔은 여유로 오기를 기다렸건만

가물거리는 무의미한 기억
제 갈 길 바쁘다 하나 잠시만 쉬어서 가자

삶에 어느 때 다하지 못한
밀려 있는 숙제 좀 들여다보고 가자

사람이 떠난 자리

손길이 떠나니 찻잔은 식어가고
식어버린 찻잔에 마음도 멀어지네

빈 찻잔은 채우면 되는 것이고
식은 찻잔은 데우면 되는 것이라는데

남의 집 담장 안을 넘보고
남의 집 창가를 서성이는가

당장은 잠깐 달래는 허기
시절이 떠나고 난 뒤에 오는
공허함은 무엇으로 채우려는지

남의 집 담장 안을 다시 넘볼 것이냐
남의 집 창가를 또다시 서성일 것이냐

마음에 띄우는

흘러가는 강물에
술잔을 따라내고

흘러가는 세월에
술병에 술을 덜어낸다

비워 내려
비워 내려고 비우고 싶어

무수히 많은 날들을
강물에 흘려보내고 보내도

주는 대로 삼키고 넘치지도 않는구나
주는 대로 마시고 취하지도 않는구나

별 하나의 그리움

은은한 달빛
반작이는 별빛

수많은 별들 중에
가장 빛나는 별은

그리움으로 선명해지는 별빛
눈물 그렁한 눈에서 빛나는 별빛

온도가 다른 삶

사소한 일에 감정이 널뛰고
자신에게 관대하기 그지없으며

나아 보이는 이가 있다면 시샘이
넘치고 심술보가 터져 더럭더럭

지 못남은 모르니 저 잘난 맛이
마치 빈 수레와 같이 요란하여

욕심은 더하고 더하여
턱없이 부족한 하나 둘 셋

다섯이 주어져도 여전한 갈증
열이 주어져도 헛헛하게 오니
고달픈 오늘이 내일이 줄을 서고

하나를 열을 백으로
받아들여 감사하게 받기도 하니
우리는 너무 다른 온도로 사는 것이다

또 다른 아쉬움

너도 그러냐
나도 그렇다
꿈이 있던 시절에도
꿈을 잃었던 그때에도

내일을 행해 걸었고
희망이 목마를 때에
술잔 속에 서러움을 토해내고
외로움을 달래가며 어둠이 내린

거리에 버거운 발길을 내디뎠고
밤을 지새우며 고민도 하고 버릇처럼
움직여 살아온 나날들 조금이라도
나를 위해서 이기적으로 살 걸 그랬어

어제 그리고 내일

어제보다 오늘을
또 내일을 기대하며
오늘도 속아 주는 하루!

반갑지 못했던 오늘을 보내고
차마 나가지 못한 숨을 딸꾹으로
몰아쉬며 찬물 한 모금 넘기면서

깊은숨으로 그저 가라앉히고서
가는 오늘을 미련 없이 보내고
약속된 내일이 있는 것은 아니지만

내일을 위하여 곤한 하루를 보낸다!

이별 후에

온 마음
다 주었다 하여도
온전하지 못할 것인데

함께 한
세월 속에
같이 하지 못한 시간만큼

이별은
어떤 이별이든
아픔 속에 슬픔으로 오는 것!

평정심 잃지 않기

내 마음에 흐름을 살피고
너무 멀지도 가깝지도 않게

말이나 행동 뒤에
의도를 의심하여 살피고

속내에 들어 있는
의중을 세심하게 살피며

작은 것에 눈멀고 귀먹어
자신에 가치를 낮추지 말아다오

네 자리 서럽다 하여

지금 내 자리 버리고
도망쳐 도착한 곳에 천국은 없다

서럽다 한들 억울해 한들
도망쳐 보아도 늘 그 자리 네 삶이다

주어진 삶 속에서 책임을
다하는 오늘을 살면 되는 것이다

새로운 것은 순간으로 끝나고
익숙해진다면 최악으로 가는 길임을

주어진 삶 속에서 마음을
다하는 오늘을 살면 되는 것이다

나는 너에게

길이 아니면
가지를 말라고
그리고 말렸건만

오늘만 살 것처럼
방탕에 길을 가더니

때늦은 후회를 해도
두 번은 갈 수 없구나

수많은 기회를 버리고
마지막 순간마저 놓아버린

너는 방랑 길에서
두 눈을 다 감고 걷는구나

공허한 날에

마음이 허전해서
술잔을 기울이다 보면
그 술조차 목에 걸려서
삼킬 수 없을 때가 있다

그런 날이 있다
그럼에도 술잔을 든다
억지로 넘기는 술 보다
마음이 더 아프기 때문에

아주 오래도록

계절이 오고 가는지
아주 오래도록 잊고 살았네!
봄비 내리는 길을 뒤로하고서 …

매미 소리 잦아들면 여름이 가나 보다
거리에 낙엽이 뒹굴면 겨울이 오겠구나!
비 오면 오는 대로 눈 오면 오는 대로 …

세월이 가고 오는지
사계절이 지나는 길 위에
바쁜 걸음으로 아주 오래도록 잊고 살았네!

작품해설

변함없이 곁을 지켜준 시를 향해 소곡을 지어 부르는 연인

- 김은희 시집 『비밀의 숲』에 붙여

이충재(시인, 문학평론가)

변함없이 곁을 지켜준 시를 향해 소곡을 지어 부르는 연인

- 김은희 시집 『비밀의 숲』에 붙여 -

1. 시와 시인을 생각하며

김은희 시집을 감상하면서 불현듯 스치는 경구를 생각했다. 요즘의 하늘이 꼭 옛날 어린 시절의 풍경화 같아서 이대로 시간을 멈출 수만 있다면 얼마나 좋을까? 순간 바보가 되어 난생처음으로 자연에 존경심을 그리고 신에게 순수한 인간들에게 감사의 인사말 하나 띄워 보내고 싶다는 생각을 했다.

아브라함 요수아 헤셸은 〈표현 불가능한 것에 대한 감

지(感知)〉에서 사람과 짐승의 소통 차이를 들면서 다음과 같이 들려주고 있다. 이는 이 시대가 이 경계를 스스로 허물고 있다는 그러면서도 문명이라는 이데올로기의 거대한 성 앞에서 마치 난센스(nonsense) 같은 부끄러움을 대변하는 동시에 시인들이 이를 바로잡아야 한다는 잠언이 깊게 내재해 있는 경고성 발언으로 들리기 때문이다. 아브라함 요수아 헤셸은 "사람이 다른 짐승들과 다른 것은 그가 언어와 상징을 발전시킬 수 있을 뿐만 아니라. 말로 표현할 수 있는 것과 말로 표현할 수 없는 것 사이를 분별하게 되고, 언어로는 설명할 수 없는 것에 의하여 넋을 잃기도 한다는 것이다. 장엄함에 대한 감각이야말로 인간이 예술을 하고 사색을 하고 고상한 삶을 살아가는 그 창조적 행위의 뿌리라고 생각해야만 한다. 그 어떤 식물(植物)도 이 땅에 비장(秘藏)된 생명력을 모두 다 펼쳐 보이지는 못하듯이, 그 어떤 예술 작품도 인간의 언어로 표현할 수 없는 깊음을 다 표현하지는 못한다. 그 깊음을 보면서 성자(聖者)들, 시인들 그리고 철학자들은 살아갈 따름이다. 우리가 보는 것과 말로 표현할 수 없는 것을 전달하려는 시도는 인류의 미완성 교향곡이 품고 있는 영원한 주제요, 한 번도 충족된 적이 없는 모험이다."

이와 같은 맥락에서 보면 김은희 시는 짐승의 단순 소통 도구가 아닌 인간의 참된 소통 도구로서 존엄성을 유지한 채, 가장 첫 번째는 자기 내면의 소통, 자기 영혼의 고뇌와 외로움 그리고 분노와 아픔까지를 대변하고 순화 혹은 정화 시키는 기능으로서 곁에 지니고 호흡하고 있다는데 가치를 둘 수 있겠다. 이 시대는 절로 자기 자랑이라는 최면에 걸려 순수성과 진정성을 잃고들 있으니, 마르틴 베를네가 고백한 바와 같이 '나는 정신병원으로 출근한다.'라고 시대를 향한 비판을 쏟아내지 않을 이유가 있겠는가. 그래서 시인들의 영혼 속에는 입술로 부를 수 있는 것보다 더 많은 노래가 들어있는 것이다. 이 특권을 시인에게 허락하였으니 어찌 탁한 영혼을 지닌 채 물질의 노예가 되어 시대의 어그러진 싸움에 희생양이 되어 살겠는가? 김은희 작품들을 보면서 스스로 반성 삼는 이유이다.

처음으로 김은희 시인을 만났을 때의 느낌은 아주 간단했다. 묻고 애써 답을 듣지 않아도 그 속에 큰 바윗돌 같은 삶의 여정 곳곳에 들풀과 같은 혹은 이름 모를 온갖 꽃들로 수놓아진 삶이 녹아 있음을 발견할 수 있었다. 그 마음속 풍경화는 누구나 예외 없이 깊은 사유와 여정을 지나온 사람들에게만 스케치 되어 드러나 보이는 심사이며 동시에 감각이 던져주는 말 걸기의 시도인 셈이다. 그러니까 가볍게 살거나 탐욕의 그물망에 걸려 허덕이면서 살아온 소인배와 같은 대상들에게는 결코 허용될 수 없는 삶의 여정이며 동시에 영역인 것이다. 이는 시인만이 간직한 비밀의 숲과도 같고 유일무이한 자신의 안식 공간인 것이다. 호르헤 루이스 보르헤스는 문학을 말하면서 "우리는 시를 향해 나가고, 삶을 향해 나아갑니다. 그리고 삶이란, 제가 확신하건대 시로 만들어져 있습니다. 시는 어느 순간에 우리에게 튀어나올 것입니다."라고 했다. 이는 김은희 시인이 30여 년 무명 시인으로 살아오면서 자신의 삶과 시적 시간과 공간을 하나로 묶어 오늘의 자신을 재탄생시킨 힘이라는 대상과 깊은 관계성을 이어오고 있음에 대한 증거이자 증인으로 삼아오고 있다고 할 수 있다. 이어서 보르헤스는 "제가 글을 쓸 때, 저는 상황이 아니라 꿈에 충실히 하려고 노력합니다. 물론 제 이야기들 안에는 진정한 상황들이 있습니다만, 어쨌건 그러한 상황들을 일정 정도의 진실을 가지고 항상 말해야만 한다고 느꼈습니다. 이야기를 실제로 일어난 대로 말하는 데에는 만족감이 없습니다. 우리는 일들이 중요하지 않다고 생각할지라도, 그것들을 바꾸어야만 합니다. 그렇지 않으면, 우리는 우리 자신을 예술가가 아니라 아마도 한낱 언론인이나 역사가로 생각해야 할 것입니다." 이 말은 앞으로 김은희 시인이 시인으로서 그리고 조금은 더 단단하고도 견고한 자신의 시적 인생을 위해서 다져야 할 교훈이며 동시에 가슴팍에 새기고 작품을 써야 할 조언으로 삼아도 될 충분한 아포리즘 유형의 선언이라고 할 수 있다. 처음으로 김은희 시들을 대하면서 이렇게 하나도 때가 묻지 않은, 결코 인공적이지 않고, 폼을 잡기 위한 그 어느 모방 요소도 차용하지 않은 순수제일의 품격을 지니고 있음에

놀라지 않을 수 없었다. 아마도 이 시집의 작품들을 보면 시인의 삶이 만들어 낸 순환적 역경이 하나둘 독자들의 가시권 안으로 밀려 들어와 독자들을 위로하는 시적 매개가 되고 있음을 스스로 알게 될 것이다. 이는 시와의 동거가 오래도록 시인을 지탱해 주고, 세속적 질풍노도(疾風怒濤)로부터 견고하게 중심을 잡게 한 큰 이유이자 확신을 만들어 내지 않았나 생각한다.

2. 시인의 사유(思惟)의 세계 따라 걷기

이어령 교수는 『언어로 세운 집』에서 문학인이 그리고 언어로 위로 삼고 살아가는 시인들의 역할과 기능과 가치에 대해서 충분히 설명해 주고 있다. 벽돌을 쌓아 올려 집을 짓든지, 초가집이니 벽돌집이니 하듯이 시 한 편은 곧 한 채의 '말 집'이라고 했다. 이어서 집의 겉모양만 보고는 온전한 집이라고 평가할 수 없다고 했다. 그러니까 온전한 집은 그 집안의 풍경까지도 감상함으로

써 누리는 편리함을 반영시켜야 비로소 그 대상을 집이라고 호명할 수 있다는 것이다. 한 편의 시 역시 타인들에게 애써 잘 보이기 위한 사상의 위장술이 아닌 위로의 메시지, 공감의 메시지, 더 나감의 동기를 끌어내는 마중물 역할을 하는 시공간적 메시지 역할을 해야 한다는 말이다. 작품을 통한 사유의 세계를 따라가 보기로 하자.

잠들지 않는 바람이 분다
육지에 태풍처럼 불어댄다
머리카락 휘감고 지나간다
무리 지어 기대어선 유채꽃은
부대끼며 흔들려도 유연하게 서고
쓰러질 듯 흔들려도 제자리에 선다

우리네 삶도 그랬으면 좋겠다
부대끼며 살아도 상처 내지 말고
흔들리며 살아도 아픔으로 남지 않기를…

-〈삼다도에는〉 전문

앞의 시는 장황하게 수사법을 구사하지도 않고, 군더더기 설명도 보이지를 않는다. 훅훅 털어내면 마치 남는 것이 별로 없는 가벼운 깃털 서너 개 떨어질 듯한 느낌의 시이다. 그렇다고 사유의 깊이를 느끼지 못하게 할 장벽은 보이지 않는다. 그도 그럴 것이 시인의 삶이 그렇고, 시인의 사유의 깊이가 그렇고 시인이 걸어온 여정을 가만히 듣노라면 더더욱 그의 가슴을 쓰라리게 한 것을 하나둘 온기로 쪼아 연소시켜온 저력이 느껴지는 시라고 할 수 있다. 필자가 이 시에서 눈이 가닿아 공감의 힘을 느끼게 하는 것은 매, 연마다 잊지 않고 힘주어 방점을 찍어놓듯 표현한 마지막 행들이다. 1 연의 3행 '머리카락 휘감고 지나간다' 2연의 3행 '쓰러질 듯 흔들려도 제자리에 선다' 3연의 3행 '흔들리며 살아도 아픔으로 남지 않기를' 이어령 교수가 말한 '언어로 지은 집'이나 그의 아내 강인숙 교수의 저서의 제목이 된 '글로 지은 집'의 중심 주제와 같이 시인이 작품 하나하나에 기둥으로 삼고, 서까래로 삼고, 구들장으로 삼은 문장이 대변해 주는 것을 보면 충분히 그 힘을 느끼게 된다는 의미다.

후회하지 않으려고
후회하는 삶을 살지는 말자

어제가 오늘에 연속이라면
오늘이 내일의 연속이라면

어제와 오늘이 다르지 않다면
더 후회하는 삶은 영위하지 말자

애써 노력한 것이 아쉬워
어리석은 미련도 갖지 말자

아직 남아 있는 날을 살아내야지
지난 세월로 인해 오늘이 힘들지 않게

-〈늦었다 하더라도〉 전문

김은희 작품들을 보면 모든 문장 하나하나가 순전히 자신과의 대화를 시도하는 매개가 되고 있음을 알 수가 있다. 사람들 대부분이 남의 말을 하는데, 익숙하다 못해서 지나쳐 상함을 불러일으키는 안 좋은 습관의 포로가 되기 쉬운데, 김은희 시인의 대부분 작품이 자아를 위로하고, 자아에 힘과 소망을 그리고 할 수 있음의 확신과 삶의 의미를 쉴 사이 없이 주문하고 있음을 발견하게 된다. 이 시대는 심기가 너무 약한 사람들이 흔하다. 그들이 빚어내는 관계성은 아주 위험천만의 다리 위에서 곡예를 하는 듯한 시도를 요구하고 있다. 그들이 쉽게 선택하는 범죄행위의 하나가 폭력이고 또 다른 하나는 자기를 포기하는 자살행위이다. 이 모든 상황은 그들의 삶이 단단하게 세워지지 못한 연약한 소유자들의 성격 때문이며 동시에 그들 스스로 만들어 낸 인생의 자포자기식 자기 결점을 보완하지 못한 연약함 때문이라고 할 수 있다. 그런 함정에 빠질 수 있는 삶의 경계를 딛고 승리할 수 있는 것은 자신을 강하게 세워나갈 동기 부여물로서의 글쓰기(시, 일기, 서평, 편지, 독서 …)를 예로

들 수 있다. 이 단적인 의지가 위의 시에 그대로 투시되어 빛을 발하고 있어 읽는 독자로 하여금 힘을 얻게 하는 인생의 당위성을 낳게 하는 작품이다.

기쁜 일이 있어도
소리 내어 울지 못하고
기쁨조차 감정을 누르고
소리를 잊은 지 언제인지

가는 마음을 가둘 수도 없고
귀 닫고 마음의 소리로 들어도
진심은 들을 수 없고 진실을
말해 줄이는 이미 떠나고 없네
슬픈 일이 있어도
소리 내어 울지 못하고
슬픔조차 감정을 누르고
소리를 잊은 지 언제인지

오늘 미움을 다시 줄 수 없어

귀 닫고 마음의 소리로 들어도

진심은 들을 수 없고

말해 줄이는 모두 떠나고 없네

-〈울지 못하는 새〉 전문

위의 시는 우리로 하여금 잠시 시인을 말하고, 시인을 생각하고, 시인의 사유의 세계를 은밀하게 들여다보게 하고, 시인의 삶의 응어리를 어루만지며 공감성을 통해서 자기 치유력을 길러보게 하는 시금석(試金石)으로 삼게 한다. 그도 그럴 것이 장거리 마라토너에게도 저마다 쉬어가는 터닝 포인트가 있듯 말이다. 시인은 강하다. 시인의 의지는 충분하게 단단하고도 세다. 시인의 포용력과 의지력 그리고 이해력 또한 누구 못지않게 폭이 넓고 깊다. 그럴지라도 연약한 신분의 여성이며 동시에 고뇌를 두려워하고 흔들림을 우려하고 생각하는 갈대로서의 흔들리는 인간이요, 네 자녀를 양육한 주부이며 동시에 가장 역할을 경험한 호주인 것이다. 그 모습이 하나도 어색하지 않게 위의 시에 그대로 드러나 있다. 〈울지 못하는 새〉의 그 눈물, 그 가슴 속 멍을 생각하게 하고, 밤을 새워 하늘의 별 헤는 숱한 나날들 속으로 쪼개어 냈을 인간관계망의 수효가 적지 않았음을 위의 시에서 발견할 수가 있어서 시 치유의 손길을 건네게 하는 작품이다. 위의 시와 함께 곁에 두고 감상하고 싶은 또 다른 시로써 〈울고 싶은 날은〉이 있다.

어디로든 떠다니고
계절도 없이 부는 바람

꽃잎 위에서
풀잎 사이에도 부는 바람

빛깔 곱게 물들이고
단풍 나뭇잎 떼어내는 바람

눈 속에 바람꽃 이야기
들려주는 나는 그런 바람이고 싶다

-〈바람꽃〉 전문

위의 시를 감상하다가 문득 이성복 시인의 에세이 한 구절이 생각이 났다. 〈시인에게 있어서 글쓰기〉를 통해서 저자는 모든 시인에게 공감 능력을 제시해 가면서 더불어 글 쓰는 문학예술 행위의 거룩함을 공유하고 싶은 마음이 짙게 깔린 듯하다. 다시 말하면 위의 시에서 시인의 바람이 시행 곳곳에 스며 생명력이란 의지를 드러내 보여 주기 때문이다. "시인을 끊임없이 반성하고 회의하게 하며 고통스럽게 만드는 '글쓰기'라는 것은 과연 무엇인가. 시인은 가령 양피지에 쓰인 글자를 지우면 잉크는 없어지지만 눌린 자국은 그대로 남는데, 그것이 일종의 원 장면 같은 것이라 한다. 그것은 대개 유아기 어린애의 뇌리에 박힌 기억인데, 성장한 아이는 그 기억을 까맣게 잃어버리지만, 나중에 어떤 사건을 계기로 촉발

된 기억이 되살아난다. '아무도 위로할 수 없고 위로받을 수 없는' 그 원 장면과 대면하는 것, 그것이 시인에게 있어서 글쓰기이다.

김은희 시인의 가벼운 듯 심플한 작품 사이를 유영하다가 보면, 시인 자신도 모르게 가슴 아프게 한 추억 속 자아를 위로하고, 그 그림자를 극복할 의지가 표출되어 잠들고 있는 현상을 보게 된다. 이 모든 과거와 현재를 극복하고 자신을 최상의 모습으로의 융기를 시도하게 함을 위해서 시인은 시문학을 양식으로 삼고 있음에 박수와 갈채를 보내게 되는 것이다. 그 의지와 끊임없는 행보가 바로 이 시집의 원재료가 되고 있다.

선아 박 하나 따오니라
잎 사이에 숨은 박 찾아서 우물가로 간다

놋수저로 박박 긁어 들기름
두르고 해주시던 그리운 맛 박나물

달밤에 빛나던 박꽃
고향에 흙 내음 두고 온 시절

사무치는 나의 어린 시절이
그립고 그리운 팔월의 밤이다

-〈박나물〉 전문

딸들의 가슴은 바다와 같다. 시원한 바람의 물결을 자아내는 숲과도 같이 푸르고 깊다. 가만히 그늘에 누워 있으면, 소곡과 함께 추억을 노래하고 싶은 마음과 은혜를 입어 온 대상들이 하나둘 뇌리를 스치는 사유의 깊은 시간을 경험하게 한다. 이것이 사내들과의 분명한 변별력인 셈이다. 그래서 여성을 보면 자연스럽게 고향이 그리워지고 친구들이 그리워지고, 사랑 이상의 본능에 취하고 싶은 상황에 직면하게 되어 순간 고뇌에 젖게 한다. 이것은 건강하고 뜻깊은 여성만이 지닌 우주적 마인드가 있기 때문이다. 그 추억의 숲을 걸어 들어가고 나오는 시인의 모습을 발견케 하는 작품으로서의 위의 시를 들 수 있겠다. 아무리 자신의 속내를 감추고 싶어 해도 시는 그 비밀의 숲으로 난 출구를 노출 시킬 수밖에 없음을 시인은 알면서도 모른 체하는 것일까? 그만큼 시인도 순간 추억의 유년 시절을 낳게 한 공간으로 회귀(回歸)하여 충분히 존재감과 위로와 힘을 요청받고 싶은 욕망에 스스로 젖게 한다. 21세기 이 시대의 인물 중 외롭지 않고, 아프지 않은, 고단치 않은 생을 살아가는 사람들이 과연 존재할까? 아닌 척 고개를 돌리거나 눈을 감고 손을 내저을 뿐이지, 그대 역시 연약한 인간이란 존재의 명패를 부정할 수는 없다. 시인의 마음이 충분하게 위로가 되었을 그 상황을 상상하면서 다음 시로 넘어가기로 한다. 위의 시와 동반적으로 감상하면 더욱더 시인의 내면의 그리움을 발견케하는 작품은 제3장의 시 〈그 이름 은〉와 〈골짜기 끝집〉이 있다.

노을이 진다는 건

하루가 저물어 간다는 건

노을이 아름다운 건
하루를 잘 살았다는 것
추한 미련이 남지 않도록
굽이굽이 뿌려져 있을 서러움
나쁜 기억들 부질없는 것만 버리고

이만하면 잘 살았다고
잘 살아냈다는 위안으로
곱게 늙어가는 노을과 같이

-〈곱게 늙어가는 노을〉 전문

사람은 의지적 피조물이다. 중세기 철학은 의지와 지성 이 둘 중에 어떤 것이 더 우월한 능력이냐 하는 문제를 놓고 끊임없이 토론을 벌였다. 의지의 결단이 생각에 따른 것인가, 아니면 생각이 의지에서 나오는 것인가? 아우구스티누스 학파와 아리스토텔레스학파는 이 점에서 서로 의견을 주고받았다. 어쨌든 데카르트(1596~1650)나 파스칼(1623~1662)과 윌리엄 제임스(1842~1910)는 지성보다는 의지에 더 비중을 두고 이론을 전개해 나갔다.

이와 같이 김은희 시인의 의지가 아름답게 잘 드러나 있는 백미의 시로써 위의 시를 들 수 있겠다. 시적 제목으로의 〈곱게 늙어가는 노을〉이 앞으로 저자의 삶을 어떻게 인도해 갈 것인가의 이미지를 아주 극명하게 살펴 알게 하는 의지적 표현이 가장 잘 드러나 있는 작품을 감상함으로써, 독자의 한 사람으로서의 용기와 힘과 심미적, 동적 에너지가 생성되는 느낌을 절로 받게 한다. 위의 시와 동반적 관계로 곁에 두고 감상하고 싶은 시로써 〈산다는〉이 있다.

화창한 날에
나쁜 기억으로 오지 않기를

비 오는 날에
아픈 기억으로 남지 않기를

눈 오는 날에
슬픈 기억으로 녹아들지 않기를

비바람 부는 날에
고통스러운 기억이 머물지 않기를

그저 그런 날이듯이
아무 일 없던 듯이 무뎌져 있기를

-〈어느 날의 기억으로〉 전문

시원한 바람 불어오는 날 들녘을 거닐게 된다면, 혹은 강가에 서서 강 마을을 두루두루 살피거나 인생의 어두운 단면을 떠 올리게 될 때면, 위의 시를 다시 읽게 될 독자들이 많을 것이라는 상상에 젖는다. 시인에게 이 시의 이미지에 관해서 물어봐야겠다고 스스로 약속하고 한 페이지 접어놓는다.

시인뿐만 아니라 독자 누구에게나 '어느 날의 기억'은 늘 있기 마련이고 또 스쳐 지나가는 인생의 길목 어디쯤 또 따라와 보채게 될지도 모르지만, 일부러 강한 척 하지는 말자, 의지가 굳은 척하지 말자. 지성이 차고 넘치는 척도 하지 말고, 그냥 순응주의자가 되어 본능으로 받고 가슴에 끌어안고 펑펑 울고 싶을 때는 울 수 있는 그런 날의 기억을 누구인들 외면하거나 부정하기를 원하는가. 시인은 최소한 그들 모든 상념과 친구요 동지요 애인 관계로 삼고 지금까지 살아왔기에 하나도 슬프지 않거나 그 슬픔조차도 아름다운 그 어느 날의 기억 속에 담아두고 즐기고 만끽할 줄 아는 여유를 지녔다고 본다. 그래서 구김살 없는 자기 인생을 살아낸다고 할 수 있다. 이것이 바로 시의 힘이며 시의 원리인 것이다.

3. 시와의 아쉬운 작별, 다시 시작(詩作) 그 주제들을 찾아가는 기대감

존 폭스는 〈한 번도 소리 내어 울지 못한 그대에게〉라는 시 치료 도서에서 다음과 같이 위로의 메시지를 전한 바 있다. "시적 언어는 수천 년 동안 지구상의 모든 문화에서 우리의 상실감, 좌절감과 이루어지지 않은 꿈을 담는 그릇 역할을 해왔다. 윌리엄 셰익스피어가 말했듯이 – 시는 슬픔을 표현한다. 우리는 슬픔을 인식하고, 그 슬픔을 해방하기 위해 시를 읽고 쓴다. 또한, 슬픔을 창조적으로 표현함으로써 삶에 대한 더 큰 통찰력을 기를 수 있다. 한편, 시는 즐거운 경험이다. 만일 당신이 어린 아이들처럼 시에 귀를 기울인다면, 그들의 목소리와 웃음 속에서 시의 언어가 얼마나 자연스러운지 알 수 있을 것이다. 아이들의 기쁨의 소리와 언어 놀이는 원대하며, 이는 어느 곳에서나 발견할 수 있다. 시적 언어는 사람들 사이에 다리를 놓아 준다. 우리는 시를 통해 인종, 문화, 정치 이데올로기, 국가, 계급, 종교의 차이와 갈등을

초월할 수 있다."

김춘수 시인은 자신의 대표 에세이 『왜 나는 시인인가』에서 고백하기를 "존재하는 것의 슬픔을 깊이깊이 느끼고 이해하려고 노력하기 때문에 나는 시인이다. 그 중에서도 사람이란 더없이 슬픈 존재다. 사람으로 태어난 슬픔을 아름다움으로 승화시켜야 한다고 깊이깊이 느끼고 생각하기 때문에 나는 시인이다. 그러나 나는 아직도 이 점에 있어 많이 부족하다. 그것을 솔직하게 남 앞에 털어놓을 수 있기에 나는 시인이다. 그 상태를 시로 쓰기 때문에 작품(poem)으로 다듬어 보려고 힘을 다하고 있기에 나는 시인이다."

김은희 시인의 시 감상을 충분히 감상할 기회를 얻었다. 한 사람 시인의 첫 시집 원고를 만난다는 것은 참으로 흥분되고 설레는 여정임이 틀림없다. 정현종 시인의 시 〈방문객〉 - "사람이 온다는 건/사실은 어마어마한 일이다//그는 그의 과거와/현재와/그리고/그의 미래와 함께 오기 때문이다/한 사람의 일생이 오기 때문이다/

그래서 부서지기도 했을/마음이 오는 것이다" 이 시사하는 바가 아닐지라도, 한 권의 시집을 만난다는 것은 시인의 비밀 없는 모든 것을 알게 되는 기회가 된다는 점에서 감사와 함께 설레임 가득한 여정에 참가자로 초청받는 절호의 기회가 되어 특권 의식마저 가질 수 있게 한다. 그만큼 시 독자들이나 평자들은 시인의 혹은 시집 앞에서 겸허하고도 순수한 마음 그리고 절대적으로 감사하는 마음으로 시 한 편, 한 편을 감상하는 생활 습관을 지녀야 할 것이다. 그렇게 된다면 시인의 모든 기능과 전설이 그리고 마음이 고스란히 시 독자나 평자에게 전이되는 행운을 누리게 된다는 것이다.

그렇다면 시인은 어떻게 시를 쓰고, 원 창작자로서의 마음가짐을 가져야 할 것인가에 대한 책무 수행에 최선을 다하게 되고, 좀 더 신실하고도 순수한 그리고 진정성 넘치는 자세와 철학으로 시 창작 작업에 임하게 된다. 시인은 한 편의 시를 쓰기 위해서 자기 삶의 절차탁마(切磋琢磨)적 숙고의 삶을 충분히 살아내야 함은 물론 진솔하고도 순수한 영적 정신력을 기초로 한 자기회생적 삶을 충분히 살아야만 한다.

그렇지 않고서는 시인 자신이 자기의 작품에서 기쁨을 발견하지 못함은 물론, 가치와 의미를 잃게 될 것이다. 다시 말하면 시인의 생명을 단축하는 길을 스스로 재촉하는 계기를 만들게 되는 것이다. 그다음으로는 독자와 평자들이 시인을 외면하게 됨을 잊지 않기를 바란다. 이미 누구에게나 자신을 드러내 알리고 싶어 하는 욕망으로 첫 번째 시를 쓰게 되었을지는 모르지만, 그다음 창작 작업부터는 충분히 자기 책임성 있는 작품 세계에 돌입해야만 한다. 신 앞에서 단독자로 서듯 시 문학예술 앞에서 단독자, 거룩한 망명자 자세로 서야만 한다. 불행하게도 21세기 대한민국 문단에는 그렇게 결단하지 못하고 선언하지 못한 시인들이 도처에 많다. 이름조차 희미하게 사라져가는 시인들의 수효가 적지 않음을 우리는 알 수가 있다.

어디 이뿐이겠는가? 시 독자들이 시 문단을 등지고 있음을 우리는 충분히 경험하고 인식하고 있다. 이 모든 책임이 시를 짝사랑만 해 온, 그리고 가벼운 것만을 추구하거나, 차용과 모방에만 천착할 뿐 자기 절제와 희생적 가치를 스스로 버리거나 잃어버린 시인들의 책임 부재에 심각한 원인을 두고 그 책임을 묻고 싶다.

김은희 시인의 이 첫 시집이 태동 되고 난 이후부터는 분명 시인의 사람됨이 외유내강(外柔內剛)의 시적 인생으로 진일보하여 거듭나기를 기원드린다.

끝으로 앵거스 플래처가 많은 문학인에게 전하는 위로와 공감의 메시지를 소개하는 것으로 김은희 시인의 첫 시집 『비밀의 숲』 평설을 마치려고 한다.

"손가락이 장밋빛으로 물드는 어슴푸레한 햇살 속에서 경이로운 발명품이 탄생했다. 그것은 마음의 상처를 치유하고 어둠 속에서 희망을 되살릴 수 있었다. 황홀감을 자아내고 믿기 어려운 나날로 이끌 수 있었다. 지루함을 몰아내고 하늘의 빗장을 벗길 수 있었다. 그 발명품은 바로 문학이었다. 그 경이로움을 직접 맛보기 위해 그날 새벽으로 돌아가 보자. 문학이 왜 탄생했는지, 또 어떠한 일을 하는지 제대로 배워보자."